AF338355

SOUS L'OCCUPATION ALLEMANDE.

ESQUISSE ANECDOTIQUE.

Extrait du Recueil de l'Académie des Sciences, Belles-Lettres et Arts
DE TARN-ET-GARONNE.

SOUS L'OCCUPATION ALLEMANDE.

ESQUISSE ANECDOTIQUE

PAR

M. AUDOY,

MEMBRE RÉSIDANT.

MONTAUBAN,

IMPRIMERIE ET LITHOGRAPHIE FORESTIÉ, RUE DU VIEUX-PALAIS.

—

1885.

SOUS L'OCCUPATION ALLEMANDE.

ESQUISSE ANECDOTIQUE.

Ce fut par une pluie battante que, le 21 avril 1871, le préfet français fit son entrée au chef-lieu : une vieille ville historique de 6,000 âmes, pittoresque sur sa montagne isolée au milieu d'une immense plaine, tout petit chef-lieu d'un très grand département.

Était-ce une entrée? Il n'avait pas voulu s'annoncer, arrivait seul et, comme le dernier des voyageurs de passage, alla prendre gite à l'hôtel, voulant d'abord se rendre librement compte de l'aspect de sa capitale.

Triste aspect, ce jour-là, sous ce déluge, qui avait cependant son avantage. On voyait, dans les rues, moins d'uniformes allemands, spectacle auquel le nouveau venu n'était pas habitué. Il venait de loin et, brusquement, sans transition, était tombé au milieu de la foule des Prussiens, remplissant bruyamment de leur insolence la gare et la ville, à Rouen, il n'y avait pas deux jours. Il en avait encore le cœur serré.

Il ne trouva pas de quoi le dilater à la vue de la préfecture. On n'en aperçoit guère qu'une porte cochère, au bout d'une rue. Les bâtiments, une ancienne abbaye, se dressant au bord de la montagne sur laquelle est bâtie la ville, dominent, avec leurs jardins, la magnifique plaine qui l'entoure de toutes parts. Ils sont précédés d'une grande cour plantée d'arbres, où donne entrée la porte cochère ; en face, les bureaux ; en obliquant à gauche, la partie réservée aux appartements officiels et personnels. Toute cette partie était occupée par le prince Georges, fils du roi de Saxe, commandant le 12e corps d'armée. Il n'avait rendu à l'administration française que les bureaux et le cabinet où fonctionnait, récemment encore, le préfet prussien ; depuis peu, le maire du chef-lieu, chargé de l'intérim, comme dans tous les départements occupés.

Donc, une première porte cochère, entrée commune de l'hôtel et des bureaux, et cette porte pavoisée d'une profusion de drapeaux allemands et saxons.

C'était là dessous qu'il fallait passer. Tout le monde, aussi bien les administrés que l'administrateur, les employés comme le préfet lui-même. L'administration française opérait à l'ombre du drapeau allemand. Celui qui en était chargé, qui ramenait avec lui le gouvernement français, en quelque sorte la Patrie elle-même rentrant chez elle après ce cruel exil, ce représentant de la France, logé et mangeant à l'auberge, se rendant dans son cabinet comme les employés dans les bureaux, n'y pouvait pénétrer qu'en passant sous les drapeaux ennemis.

Ennemis ? Non, la paix était faite. Quelle paix !

Et quel procédé de la part du vainqueur, qui prétendait pourtant aux bonnes grâces et à l'amabilité du vaincu, que de lui rendre l'administration dans des conditions semblables, ne la laissant fonctionner que sous ses drapeaux !

N'était-ce pas un malentendu ? C'était probable, après

tout. N'était-ce pas, aussi, faute d'habitude que le préfet trouvait choquant un détail auquel, peut-être, personne n'attachait d'importance, dans ce pays conquis depuis plus de six mois, et qui en avait vu tant d'autres ? N'était-il pas trop susceptible ?

Susceptible, il ne l'était pas, pourtant. Il se tâtait, et se rendait en conscience le témoignage que, parmi tous ses défauts, n'était pas celui-là. Il n'était pas de ceux qui voient tout de suite une intention blessante dans l'oubli involontaire d'une carte de visite ou d'une lettre de faire part, dans l'omission de rendre un salut qu'on n'a pas aperçu. Pourquoi donc se sentait-il à ce point ulcéré ?

C'est qu'ici sa personne n'était pas en jeu. Ce qu'il sentait offensé, ce n'était pas lui-même : c'était la France, représentée par lui, incarnée en lui en présence du vainqueur. Mais alors, pourquoi cette avanie gratuite et sans motif ? Non, ce n'était pas ce qu'on voulait. Toute ambassade arbore sur son hôtel, en plein pays étranger, son drapeau national, et l'administration française, en terre française malgré l'occupation, non-seulement n'arborerait pas le drapeau français, mais devrait subir comme enseigne les drapeaux étrangers ? Encore une fois, ce ne pouvait être qu'un malentendu, qui serait assurément dissipé à la première occasion.

L'occasion ne tarda pas à se présenter.

Le préfet reçut, le lendemain de son installation, la visite du commissaire civil allemand : un homme aimable, de formes avenantes, s'exprimant fort bien en français. Il parla de beaucoup de choses et, au milieu de la conversation, posa une question inattendue : le préfet ne ferait-il pas une visite au prince Georges ?

Il n'y avait pas songé, n'avait reçu ni demandé aucune

instruction sur les rapports officiels à entretenir avec l'ennemi. — Non, ce n'était plus l'ennemi, la paix était faite ! — Pourquoi donc répugner à des prévenances dépassant les strictes limites du devoir et des convenances officielles ? Sentir encore toutes nos défaites et toutes nos capitulations comme autant de soufflets sur la joue, une blessure saignante et comme un déchirement à la pensée de l'Alsace et de la Lorraine, n'était plus de saison, puisque, encore une fois, la paix était faite ! C'étaient, en tout cas, des impressions excessives, à refouler au fond du cœur pour faire bon visage à l'occupant, l'ennemi d'hier, appuyant encore lourdement son talon vainqueur sur la nuque du vaincu. Avait-on le droit, au lendemain d'un écrasement pareil, de sentir encore quelque chose de ce que d'autres, peut-être, nommeraient un sot amour-propre national ? Il ne faut pas non plus avoir la fibre patriotique à ce point ridiculement sensible.

Eh bien ! soit. Le préfet ferait la visite. Mais en se disant bien qu'il ne la devait pas règlementairement, qu'il irait ainsi au-delà de ses devoirs officiels, que ce serait un acte de courtoisie, une prévenance personnelle pour laquelle il ne demandait qu'un prétexte, à titre d'échange de gracieusetés.

Le prétexte était tout trouvé.

Que le prince Georges lui donnât un motif de remerciement en faisant une chose qui d'ailleurs allait de soi, à laquelle on n'avait sûrement pas songé quand on avait rendu à l'administration française les bureaux de la préfecture. La conséquence aurait dû être l'enlèvement des drapeaux étrangers de la porte commune où passait, il est vrai, le prince commandant le corps d'armée, mais où passaient aussi les administrés, les employés, les fonc-

tionnaires, le préfet lui-même. Qu'on décorât de ces drapeaux l'entrée, au fond de la cour, de l'hôtel habité par
le prince. Le préfet ne demandait pas à arborer le drapeau français sur la porte commune, pas même sur celle
des bureaux, ce qui eût été pourtant bien légitime. Il ne
demandait que la neutralisation de la porte commune,
sans drapeau d'aucune espèce. Quoi de plus naturel et
de plus simple ?

Si simple et si naturel, en effet, que le commissaire
allemand en jugea ainsi, se chargea de transmettre la
requête et promit la réponse pour le lendemain, ne dou-
tant pas qu'elle fournirait au préfet le prétexte qu'il
désirait pour une visite de remerciement, point de départ
de relations courtoises.

La réponse apportée le lendemain fut un refus tout
sec.

Le prince commandant le corps d'armée refusait net,
et c'était tout. Il ne daignait même pas colorer d'une
ombre de motif la brutalité du refus. Le préfet ne lui fit
pas sa visite. Qui sait s'il n'eut pas tort de ne pas boire
de meilleure grâce cette nouvelle humiliation, insigni-
fiante, après tout, en comparaison de tant d'autres infli-
gées à la Patrie ?

On en resta là. Le prince et le préfet se croisaient
quelquefois dans les rues. Comment se saluer ? On ne se
connaissait pas. Le cabinet du préfet était situé au rez-
de-chaussée, éclairé par deux fenêtres donnant sur les
jardins, où il s'était interdit de mettre le pied, les tenant
pour une dépendance des appartements qu'il n'habitait
pas. Le prince s'y promenait souvent avec la princesse
sa femme, grande blonde à la chevelure luxuriante. Ils
ne manquaient pas, quand ils passaient devant les fenê-

tres, de diriger un coup-d'œil sur le préfet, travaillant à son bureau. A cela se bornèrent les relations personnelles. Les communications officielles, assez rares d'ailleurs, avaient lieu par correspondance ou par l'intermédiaire du commissaire civil, toujours aimable et avenant.

Cette situation fausse ne dura, heureusement, que quelques semaines. Le corps d'armée saxon fut remplacé par un corps d'armée bavarois, précisément pendant une absence du préfet. Le secrétaire-général, profitant de la circonstance, réussit à faire loger le nouveau commandant dans la résidence affectée, en temps normal, au général français. L'hôtel de la préfecture resta vacant, sans drapeaux sur aucune porte. Le préfet put l'occuper à son retour, et l'administration française fonctionner dans des conditions dont sa dignité n'avait pas autant à souffrir.

Mais il y eut un épilogue.

Le roi de Saxe fut nommé colonel d'un régiment prussien. C'est une gracieuseté dont l'empereur d'Allemagne est, comme on sait, coutumier envers les souverains qu'il veut honorer de sa bienveillance. Celui-ci, désormais englobé dans l'Empire, et dont l'armée n'avait été que l'un des contingents composant les armées allemandes, vint en personne accomplir la formalité de la prise de possession de son commandement. Son régiment tenait garnison au plus important chef-lieu d'arrondissement du département. Le préfet fut avisé de la venue du roi par des instructions lui prescrivant d'aller lui demander une audience, lui présenter les compliments du gouvernement français, et, comme représentant celui-ci, se mettre à sa disposition.

Le roi, revêtu, naturellement, de son uniforme de colonel prussien, fut gracieux dans cette audience; bonhomme à l'allemande, sympathique comme régnant sur un peuple longtemps ami de la France. C'était un vieillard maigre, sec, osseux, le nez et le menton crochus, une figure de casse-noisette, mais une bonne figure, intelligente et fine. Personnellement, d'ailleurs, un homme de mérite, littérateur distingué, auteur d'une bonne traduction du Dante ; parlant parfaitement le français, avec peu d'accent. Peut-être le préfet aurait-il préféré qu'il le parlât moins bien, pour moins s'étendre sur un sujet de conversation familièrement abordé :

— Il paraît, Monsieur le Préfet, que Laon est une charmante résidence, très pittoresque, avec une vue splendide. Mon fils, le prince Georges, y est resté longtemps. Il m'en a fait un grand éloge et s'y plaisait beaucoup. Mais, à propos, n'y était-il pas quand vous y êtes arrivé ?

— En effet, Sire.

— C'est cela, vous l'avez connu. Vous y êtes-vous trouvé longtemps avec lui ?

— Fort peu, Sire. Les Saxons ont été presque aussitôt remplacés par les Bavarois. Moi-même j'ai eu à m'absenter.

— Il paraît qu'il y a de beaux salons de réception à la préfecture. J'aurais bien voulu pouvoir la visiter.

— Ne le pouvez-vous, Sire ? Ne passez-vous pas à Laon en quittant Saint-Quentin ? Vous pourriez vous arrêter quelques heures.

— Impossible. Je pars demain matin et ne puis m'arrêter. Je regrette bien de ne pouvoir au moins contempler cette belle vue, dont m'a tant parlé mon fils.

— Mais si le train s'arrêtait seulement une heure...

— Mon itinéraire, je crois, ne comporte qu'un arrêt de vingt minutes, et je ne voudrais occasionner aucun retard.

— A la rigueur, Sire, c'est encore assez de vingt minutes. Je me trouverai, dans tous les cas, à la gare pour vous présenter mes devoirs. Si vous voulez me faire l'honneur de prendre place dans ma voiture, nous aurons le temps de monter jusqu'à la ville et de redescendre pour le départ du train,

— Eh bien ! nous verrons demain. Si vingt minutes suffisent, je me laisserai peut-être tenter.

Le roi garda, pendant toute l'audience, ce ton bienveillant et familier, le préfet répondant évasivement chaque fois qu'il revenait sur les relations personnelles supposées avec son fils. Il ne pouvait guère, on en conviendra, raconter à son royal interlocuteur le mauvais procédé du prince Georges, la situation qui en était résultée, démentir inutilement cette persuasion de relations suivies, courtoises, peut-être cordiales. Et le roi insistait, d'autant plus gracieux avec le préfet, qu'il croyait voir en lui non-seulement le représentant d'un pays et d'un gouvernement pour lesquels il voulait se montrer aimable, mais une connaissance personnelle de son fils.

Non moins gracieux fut le général de Manteuffel, que le préfet dut visiter aussi : chaudes poignées de main, paroles sympathiques, air ouvert et cordial. De quoi rendre incompréhensible l'incident des drapeaux.

Les vainqueurs se mettaient positivement en frais d'amabilité avec les vaincus, paraissant maintenant poursuivre la conquête de leur amitié, en sus et comme complément de tout ce qu'ils leur avaient pris: provinces, milliards, et le reste, sans parler du butin et des pendules ; sans parler non plus des atrocités de cette guerre sauvage. Singulière entreprise, assurément, et singulière prétention que de vouloir y réussir à si bon marché!

On en citait qui se montraient fort surpris de ne pas voir leurs avances mieux accueillies. Tel général commandant un corps d'occupation s'étonnait que la population, et particulièrement ce qu'on nomme la société, ne se jetât pas dans ses bras. La paix n'était-elle pas conclue, et ne faisait-il pas des avances? Que fallait-il de plus, et n'était-il pas inouï que l'on se tînt à l'écart, comme s'il restait encore quelque raison de bouder? A Laon, la place restait déserte quand la musique militaire — excellente, pourtant, en sa qualité de musique allemande — venait y donner ses concerts, sans autres auditeurs que quelques soldats allemands, pas un passant français ne s'arrêtant pour l'entendre. On racontait bien quelques traits isolés de défaillances patriotiques, pendant et depuis la guerre. Un, entre autres, qui avait fourni à Laon de nouveaux sujets de commérages et jeté de nouveaux germes de division... Mais n'insistons pas sur ces ombres. Il y faudrait la contre-partie de tout ce qui les effaçait : la pose de la première pierre du monument commémoratif de la bataille de Saint-Quentin ; l'inauguration de celui de trois instituteurs, nobles victimes de leur patriotisme, indignement fusillés ; l'accueil enthousiaste à la première compagnie française remplaçant, à la fin de l'occupation, les troupes allemandes ; tant de spectacles réconfortants, de traits touchants, parfois héroïques, comme l'explosion de la citadelle de Laon au moment de la capitulation; acte, d'ailleurs, insensé et funeste d'un patriotisme égaré ; criminel peut-être, si l'incendie de Moscou fut un crime. Encore Rostopchine n'y avait-il pas sacrifié sa vie, comme à Laon l'auteur de l'explosion.

Il faudrait aussi, pour compléter le tableau, dire les amertumes de cette occupation de six mois, souvent cruelles quoique ce ne fût plus la guerre et ses horreurs ; contraste étrange avec ces façons aimables dont le roi de Saxe et le général de Manteuffel viennent de nous donner des échantillons, et qui ne descendaient guère des sphères supérieures aux commandants en sous-ordre et à leur soldatesque.

Mais ceci n'est pas un tableau. Restons dans l'esquisse anecdotique, sans portée il est vrai, mais aussi sans autre prétention que de raconter tout simplement de tout petits incidents.

Le lendemain, par une magnifique matinée de juin, le préfet se trouvait à la gare, attendant le train, qui arriva ponctuellement à huit heures. Le roi descendit, l'accueillit avec la même affabilité souriante que la veille et, après un coup-d'œil, d'en bas, sur la ville, ses vieux remparts, sa cathédrale découpant le ciel bleu de sa belle silhouette, monta promptement, avec deux officiers de sa suite et le préfet, dans la calèche découverte qui l'attendait. Le temps était, à son grand regret, trop court pour aller à la préfecture, cette résidence tant vantée par son fils, avec quelque exagération. A peine avait-on, en vingt minutes, celui de monter jusqu'à la ville, redescendre par une autre route, contempler la vue chemin faisant. Et voilà, de nouveau, le même sujet de conversation sur le tapis :

— Vous n'êtes donc pas resté bien longtemps avec mon fils ? Enfin, vous l'avez connu. Et la princesse, sa femme, qu'en dites-vous ? Une belle personne, n'est-il pas vrai ? Et ses cheveux ! Voilà qui est remarquable. Quelle magnifique chevelure blonde ! Mais vous avez dû être étonné, la sachant Portugaise... Vous savez qu'elle est Portugaise, n'est-ce pas ? Eh bien ! N'est-ce pas étonnant et rare, une Portugaise qui, au lieu de cheveux noirs, les a aussi blonds? Tout le monde s'en étonne, comme vous. C'est qu'on ne réfléchit pas à l'explication. Elle est Portugaise, c'est vrai, mais de naissance seulement. D'origine, elle est Allemande. Voilà ce qui explique cette belle chevelure blonde à une Portugaise...

Et le bon vieux roi, avec sa petite voix de vieillard, un peu cassée, ne tarissait pas sur ce sujet. Heureusement il parlait assez pour ne pas remarquer les réponses évasives du préfet sur ses relations personnelles avec le prince Georges et la princesse sa femme, la Portugaise-Allemande aux beaux cheveux blonds. Puis, la conversation était coupée par les réflexions sur la situation pittoresque de la ville, la belle plaine qui l'entoure, avec sa lointaine ceinture de coteaux à l'horizon. Les vingt minutes furent bientôt passées, et dix de plus, car on était, malgré tout, un peu en retard pour regagner le train, qui attendait, ne pouvant laisser un tel voyageur en route. Son adieu au préfet fut, comme on pense, empreint de la même cordialité. Enfin, le train partit.

Et celui qui écrit ces lignes sentit qu'il n'oublierait pas de sitôt dans quelles circonstances un préfet républicain avait eu l'honneur de promener un roi dans sa voiture.

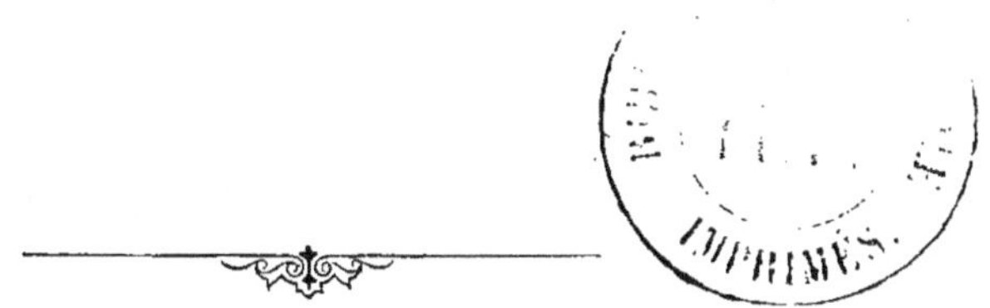